HISTORIQUE

DU

132ᵉ RÉGIMENT

D'INFANTERIE

RÉDIGÉ D'APRÈS LES DOCUMENTS OFFICIELS

Par M. DE MAINDREVILLE

Lieutenant-Colonel du 132ᵉ de Ligne

ÉDITION ILLUSTRÉE

d'après les dessins de Edouard Detaille et L. Sergent.

REIMS

F. MICHAUD, LIBRAIRE-ÉDITEUR DE L'ACADÉMIE

19, RUE DU CADRAN-SAINT-PIERRE, 19

1890

HISTORIQUE

DU

132ᵉ RÉGIMENT D'INFANTERIE

Par une fiction glorieuse brodée en lettres d'or sur son drapeau, chaque régiment se rattache aux corps, demi-brigade de la République ou régiment de l'Empire, ayant porté le même numéro. C'est ainsi que le 132ᵉ régiment d'infanterie, formé à Reims le 29 septembre 1873, se rattache :

1º A la 132ᵉ demi-brigade d'infanterie de ligne qui, de 1794 à 1796, fit partie des armées de la République;

2º Au régiment de l'île de Ré, créé en 1811, devenu en 1812 le 132ᵉ régiment d'infanterie, licencié en 1814. Il prit part aux grandes guerres des dernières années du premier Empire.

PREMIÈRE PARTIE

—

La 132e demi-brigade d'Infanterie de Ligne.

C'est à l'armée de la Moselle, le 5 avril 1794, sous les murs de Longwy, que fut formée la 132e demi-brigade d'infanterie de ligne. Elle fut constituée par l'amalgame des trois bataillons suivants :

2e bataillon du 71e de ligne (ancien régiment du Vivarais).

2e bataillon des volontaires du Cher et 5e bataillon des volontaires de la Meuse.

Le 2e bataillon du 71e provenait de l'armée royale ; les bataillons de volontaires de formation récente dataient, le 2e bataillon du Cher du 25 août 1792, le 5e bataillon de la Meuse du 12 octobre de la même année. Ces trois bataillons avaient pris part à la campagne de 1793.

L'ensemble du corps présentait un mélange

de tenues assez fâcheux. Bien que le décret du 21 février 1793 eût donné à toute l'armée l'habit bleu de roi, déjà revêtu par la garde nationale et les volontaires, des anciens soldats du Vivarais portaient encore fièrement l'habit blanc, au collet aurore, aux revers et parements gris-de-fer qui avait distingué longtemps le régiment, tandis que beaucoup de leurs camarades étaient déjà confondus avec les volontaires sous l'habit bleu aux revers blancs et aux parements écarlates. Tous avaient le gilet blanc, la culotte de même couleur et les guêtres noires, grises ou blanches distribuées en principe pour des tenues différentes, mais passées toutes dans la tenue de campagne par nécessité. Cependant quelques hommes avaient substitué à la culotte et aux guêtres d'ordonnance un pantalon à fond blanc rayé de rouge et de bleu. D'anciens soldats du Vivarais se distinguaient encore par des casques de cuir noir vernis, tandis que d'autres avaient le chapeau et que les anciens volontaires étaient pour la plupart coiffés du bonnet de police. Les sous-officiers et les grenadiers qui avaient servi dans les bataillons de volontaires, portaient au contraire tous le chapeau.

Enfin, il y avait un nombre considérable d'hommes en bourgeois ou plutôt en guenilles; c'était des réquisitionnaires récemment incorporés.

Le chef de brigade CAPELLA, vétéran de la guerre de Sept-Ans, commanda le premier la 132ᵉ demi-brigade; il fut bientôt remplacé par le chef de brigade BURCHIN, auquel revint l'honneur de la conduire à l'ennemi.

La 132ᵉ appartint peu de temps à l'armée de la Moselle; après quelques combats sans importance autour d'Arlon, elle fut incorporée dans la division CHAMPIONNET et fut dirigée sur la Belgique.

Au mois de juin 1794, ayant franchi la Meuse à Dinant, la 132ᵉ ralliait devant Charleroi l'armée de Sambre-et-Meuse.

CAMPAGNE DE BELGIQUE

1794

—

On sait la place que s'est faite cette armée dans l'histoire militaire de la France. Médiocrement armés, mal nourris, mal vêtus, rarement payés, mais conduits par Jourdan, par Kléber,

par Marceau, les soldats de l'armée de Sambre-et-Meuse sont à juste titre restés légendaires. Ne doutant jamais du succès, même au milieu des revers, ils surent se faire craindre de leurs ennemis, et, à diverses reprises, la Convention reconnaissante décréta qu'ils avaient bien mérité de la patrie.

La conquête de la Belgique, conséquence de la victoire de Fleurus, fut le résultat de la campagne de 1794. Le détail des opérations auxquelles la 132ᵉ prit une part glorieuse, exigerait trop de développements. Son histoire se confond d'ailleurs avec celle de la division CHAMPIONNET.

Après la prise de Charleroi (25 juin 1794) qui précéda de vingt-quatre heures la bataille de Fleurus, la 132ᵉ poursuivit les Autrichiens jusqu'aux portes de Bruxelles; puis revenant vers Maëstricht, vint cantonner sur la rive gauche de la Meuse, à hauteur de Liége (23 juillet 1794).

La 132ᵉ resta dans ses cantonnements jusqu'au commencement de septembre, époque à laquelle JOURDAN reprit l'offensive. L'armée de Sambre-et-Meuse, marchant vers le Rhin, passe la Meuse à Liége et occupe Aix-la-Chapelle (22 septembre 1794). La 132ᵉ, à ce moment, faisait partie du centre que commandait KLÉBER.

Le 2 octobre 1794, l'armée de Sambre-et-Meuse franchit la Roër, culbutant les Impériaux qui avaient accumulé sur la rive droite des retranchements de toute sorte. Quelques jours après, l'armée entre à Cologne où la 132ᵉ séjourne pendant un mois.

Au mois de novembre, l'armée de Sambre-et-Meuse, subordonnant ses mouvements à

ceux de l'armée du Nord, descend la rive gauche du Rhin, et la division CHAMPIONNET vient occuper le camp de Crefeld.

Le camp de Crefeld est un des mauvais souvenirs de l'armée de Sambre-et-Meuse; les troupes qui y séjournèrent n'eurent point de combats à livrer ; mais elles eurent à supporter des privations continuelles. Les jours pluvieux arrivèrent et firent de ce camp, où tout manquait, un véritable lac de boue. On se représente volontiers les soldats de Sambre-et-Meuse en sabots ; c'est une légende qui doit dater du camp de Crefeeld. Comme surcroît, pendant que les troupes de CHAMPIONNET pataugeaient ainsi de cantonnements en cantonnements sur la rive gauche du Rhin, l'armée du Nord faisait au pas de course la conquête de la Hollande.

CAMPAGNE DE 1795

En janvier 1795, la 132ᵉ est cantonnée à peu de distance du Rhin, en face de Düsseldorf. Elle a enfin quitté le camp de Crefeld. L'hiver et le printemps se passent en marches et en contre-marches sur la rive gauche du Rhin.

Le 5 avril, le roi de Prusse fait la paix avec la France, les armées de la République n'ont plus à combattre que les Autrichiens, les Impériaux, comme on les appelait alors. Ceux-ci occupent la rive droite du Rhin et défendent Mayence contre l'armée de Rhin-et-Moselle qui en commence le siège.

Un nouvel effort est demandé à l'armée de Sambre-et-Meuse, elle devra passer le Rhin et venir attaquer Mayence par la rive droite. Le passage d'un fleuve de l'importance du Rhin, en présence d'un ennemi sur ses gardes, est une opération délicate. Aussi, Jourdan choisit-il Kléber pour la diriger.

Passage du Rhin.

C'est la division Championnet, dont la 132ᵉ continue à faire partie, qui devra commencer le mouvement. Cantonnée depuis un mois à Düsseldorf et un peu en amont, cette division a réuni à grand'peine, sur un petit affluent du Rhin, tous les bateaux existant encore. Avec toutes les compagnies de grenadiers de sa division, Championnet a formé une avant-garde d'élite dont il a donné le commandement au général Legrand. Dans la soirée du 5 septembre, n'ayant que leurs armes, leurs cartouches et deux rations de pain, les grenadiers s'embarquent. Défense sous peine de mort de tirer un seul coup de fusil pendant la traversée, c'est à la baïonnette qu'il faudra aborder l'ennemi.

Au moment de quitter la rive gauche, la lune se montre, il faut renoncer à surprendre l'ennemi. Mais qu'importe ? « Camarades, » s'écrie Championnet, demain le soleil levant

» nous verra à Düsseldorf, ou nous serons
» morts glorieusement. »

A peine est-on au milieu du fleuve que
l'ennemi commence le feu ; les batteries
françaises répondent. Arrêtés par un banc de
sable, les bateaux de tête ne peuvent plus
avancer. Mais le général LEGRAND n'est pas
homme à reculer ; il se jette à l'eau sans
hésitation, les grenadiers l'imitent, prennent
bientôt pied sur la rive droite et aux cris de
Victoire, Vive la République, culbutent les
postes ennemis et les rejettent sur Düsseldorf.

Le Rhin était franchi, et le 6 septembre
dans la matinée, CHAMPIONNET entrait dans
Düsseldorf.

Les grenadiers de la 132e s'étaient particulièrement distingués au passage du Rhin ;
leur chef, le capitaine D'HONNIÈRES, ancien
officier du régiment du Vivarais, fut proposé
pour chef de bataillon.

Marche sur Mayence.

Les autres divisions de l'armée de Sambre-
et-Meuse passèrent simultanément le Rhin.

JOURDAN les dirigea sur Mayence, marchant sa droite appuyée au fleuve et refoulant devant lui sans trop de difficulté les Impériaux. La division CHAMPIONNET marchait au centre et eut à livrer à Altenkirchen (15 septembre) et sur la Lahn (20 septembre), deux combats sanglants.

Enfin, le 24 septembre, l'armée de Sambre-et-Meuse, formant du Rhin au Mein une ligne continue, donnait, sous Mayence, la main à l'armée du Rhin-et-Moselle.

Investissement de Mayence.

On n'est pas toujours heureux à la guerre et l'armée de Sambre-et-Meuse qui, depuis Fleurus, était toujours sortie victorieuse de ses rencontres avec l'ennemi, allait voir commencer les mauvais jours. Cependant ses débuts sous Mayence furent brillants. Le 26 septembre, le plateau de la Croix, au nord-est de Mayence, fut enlevé aux Impériaux par la division CHAMPIONNET. Le 3 octobre, nouveau combat à Costheim du même côté. La 132ᵉ s'y fit remarquer. Deux de ses officiers furent signalés au Comité du Salut public

pour leur belle conduite. « Les citoyens
» Fauché et Bérélle, sous-lieutenants au 1er
» bataillon de la 132e demi-brigade, dit un
» rapport officiel, se sont conduits avec un
» courage au-dessus de tout éloge. Ce dernier,
» ayant été pris par l'ennemi, a crié à ses
» camarades qui se trouvaient en arrière, de
» faire feu sur ceux au pouvoir desquels il se
» trouvait, ce qui ayant été exécuté, il se retira
» au milieu du feu des deux partis.»

L'armée de Sambre-et-Meuse bat en retraite.

Mais il fallut bientôt lever le siège de
Mayence, les Impériaux tenaient toujours la
campagne, ils passèrent le Mein au delà de
Francfort et menacèrent la ligne de retraite
de l'armée de Sambre-et-Meuse. Le 12 octobre
dans la soirée, JOURDAN fit replier en arrière
ses divisions qui arrivèrent le 14 derrière la
Lahn. La 132e était à l'arrière-garde et sut
tenir l'ennemi à distance.

La retraite se continua les jours suivants.
L'armée de Sambre-et-Meuse se rapprochant
du Rhin passa lentement sur la rive gauche
de ce fleuve. La division CHAMPIONNET passa

la dernière et cette fois encore, la 132ᵉ se fit remarquer par des retours offensifs vigoureusement exécutés.

Le 21 octobre, toute l'armée de Sambre-et-Meuse était de nouveau réunie sur la rive gauche du Rhin, de Bonn à Coblentz.

L'armée de Rhin-et-Moselle ne put rester seule devant Mayence. Le 29 octobre, les Impériaux lui en firent lever le siège et la forcèrent à repasser le Rhin que peu de temps après ils franchirent à leur tour. La garnison française laissée à Mannheim fut bientôt assiégée. JOURDAN, dans l'espoir de débloquer Mannheim, remonta avec une partie de l'armée de Sambre-et-Meuse la rive gauche du Rhin. La division CHAMPIONNET fit partie de cette expédition dont le but ne put être atteint. Au moment où les troupes de JOURDAN ayant franchi malgré l'ennemi et malgré la neige les défilés du Hundsrück débouchaient sur la Nahe, Mannheim capitulait. La 132ᵉ qui était arrivée (30 novembre) à peu de distance de Kreuznach ne put s'y maintenir. Puis la lassitude s'empara des combattants. La mauvaise saison avait rendu les chemins impraticables ; la famine régnait dans les deux camps : les

Impériaux proposèrent un armistice qui fut accepté (17 décembre 1795).

La 132e suivant le mouvement général de l'armée de Sambre-et-Meuse fut dirigée sur Coblentz et cantonnée au nord de cette ville. Elle y passa le mois de janvier 1796.

La 132e demi-brigade est versée dans la 26e.

Le 1er février de cette même année 1796, un décret prescrivit la refonte générale de toutes les demi-brigades et des bataillons dont l'amalgame n'avait pu être fait depuis deux ans, en 110 demi-brigades d'infanterie de ligne et 30 demi-brigades d'infanterie légère. En vertu de ce décret, la 132e demi-brigade se rendit à Trèves pour y être versée dans la 26e demi-brigade. L'opération eut lieu le 15 février 1796 et la 26e prit ensuite le n° 108.

Ce jour-là, pour parler comme le sergent Fricasse, l'une des figures légendaires, l'un des types dirions-nous aujourd'hui, de l'armée de Sambre-et-Meuse, la 132e a perdu son numéro et a été mariée avec la 26e. Témoin d'un mariage semblable, Fricasse ajoute philosophiquement : J'ai vu que lorsqu'on faisait des mariages, rien ne manquait pour célébrer cette heureuse fête ; mais parmi nous, il n'en était pas de même, car ce jour-là nous n'avions pas de pain. Cela ne nous surprenait pas, car ce n'était pas la première fois.

Nos aïeux de la 132e furent-ils plus heureux et eurent-ils du pain le 15 février 1796 ? C'est ce que l'histoire a négligé de nous apprendre.

DEUXIÈME PARTIE

—

Le Régiment de l'Ile de Ré
Le 132ᵉ Régiment d'Infanterie de Ligne.

Le Français naît soldat; c'est une de nos forces. Vingt fois l'épreuve a été tentée et toujours avec succès. Milices de l'ancien régime, volontaires de 92, conscrits de 1813, moblots de 70, tous ont prouvé qu'une fois le fusil sur l'épaule et l'uniforme sur le dos, le Français savait se battre et obéir à ses chefs. La formation du régiment de l'île de Ré en est un exemple.

Création du Régiment de l'Ile de Ré.

Même aux époques les plus glorieuses du règne de NAPOLÉON Iᵉʳ, il y avait, surtout dans

les départements de l'Ouest, en Bretagne et en
Vendée, beaucoup d'insoumis, de réfractaires
comme on disait alors, qui, pour ne pas être
soldats, vivaient, ou plus exactement mouraient
de faim, dans les bois, bravant les poursuites
de la gendarmerie. L'Empereur résolut d'y
mettre bon ordre et au printemps de 1811, des
colonnes mobiles vigoureusement conduites
donnèrent la chasse aux réfractaires, s'em-
parèrent de la plupart d'entre eux et les
conduisirent à l'île de Ré; là, des cadres
soigneusement choisis les recevaient et en
faisaient des soldats. C'est ainsi qu'au
début se recruta le régiment de l'île de Ré
dont nous allons raconter la glorieuse histoire.

Ce régiment fut créé par décret du 24 janvier
1811 ; les premières incorporations datent du
mois d'avril suivant. L'Empereur consacrait
à l'organisation de ce nouveau corps une
attention continuelle. Armes, habillement,
instruction, tout était réglé par lui. Il dési-
gna pour commander le régiment le colonel
TRIDOULAT, dont la bravoure était légendaire,
et lui adjoignit des officiers ayant pour la
plupart de magnifiques états de service. Bon

nombre des sous-officiers sortaient de la garde.

Son Uniforme.

L'uniforme du régiment de l'île de Ré était celui que portait alors l'infanterie, habit à basques bleu foncé, gilet à manches, culotte de tricot blanc, guêtres montant au-dessus du genou, shako aux vastes dimensions, surmonté d'un plumet, buffleteries croisées sur la poitrine et fusil à pierre; en campagne, au lieu de l'habit, la capote large boutonnée droit, sous laquelle on pouvait porter la veste.

Départ pour Mayence.

En août 1811, l'organisation est complète, le régiment forme deux bataillons de marche et les dirige sur Mayence, où ils arrivent le 4 novembre après cinquante jours de route. Ils y passent l'hiver. A la fin de mai 1812, les 3e et 4e bataillons arrivent aussi à Mayence, puis c'est le tour du 2e bataillon qui y rejoint les deux autres le 4 juillet. Les 2e, 3e et 4e bataillons sont complétés d'abord avec les deux bataillons de marche, puis ensuite avec des détachements pris dans différents corps stationnés en Flandre, en Lorraine et en Alsace. Ainsi constitué à trois bataillons (2e, 3e et 4e) et comptant à l'effectif 52 officiers et 2,206 hommes, le régiment de l'île de Ré est prêt à entrer en campagne. Quant au 1er bataillon, il est maintenu à La Rochelle où le dépôt vient le rejoindre un peu plus tard.

La campagne de Russie allait commencer ; la Grande-Armée était réunie en Pologne, sur la rive gauche du Niémen ; en arrière, un corps d'armée, le 11e, sous le commandement du maréchal Augereau, occupait la ligne de l'Elbe ; plus en arrière encore, le maréchal Kellermann gardait le Rhin.

De formation récente, le régiment de l'île de Ré n'avait pas été appelé à l'honneur de faire partie de la Grande-Armée, mais il fut bientôt désigné pour compléter le 11e corps. Quittant Mayence le 9 juillet, il arrive à Berlin le 31, y passe le mois d'août, puis en septembre est dirigé sur Varsovie où il entre le 20 octobre. A cette date, les beaux jours de la campagne de Russie étaient passés, la retraite commençait.

Arrivée à Varsovie.

Le régiment de l'île de Ré rejoignit à Varsovie les autres régiments formés comme lui au début avec des réfractaires, à Belle-Ile, à l'île de Walkeren, en Corse, à l'île d'Elbe èt appelé par suite régiment des îles. Ces divers corps constituèrent une belle division à trois brigades, la division DURUTTE, du nom du général François Durutte, baron de l'Empire et commandeur de la Légion d'honneur, qui en prit le commandement.

CAMPAGNE DE 1812

—

A peine formée, la division DURUTTE reçut l'ordre de rallier le 7e corps (général REYNIER); ce corps d'armée, qui se composait de deux divisions saxonnes, opérait de concert avec les Autrichiens du prince de SCHWARTZENBERG, en arrière des marais de Pinsk; il couvrait ainsi la droite de la Grande-Armée et avait devant lui les Russes de l'amiral TCHITCHAKOFF.

Le régiment de l'île de Ré, dont les mouvements se confondent maintenant avec ceux de la division DURUTTE, quitta Varsovie le 2 novembre et arriva le 13 du même mois à Wolkowisk, à environ 250 kilomètres à l'est de la capitale de la Pologne.

Combat de Wolkowisk.

Ce n'était certainement pas sans fatigue et sans bien des difficultés que le régiment de l'île de Ré avait parcouru la longue route qui, des bords de l'Océan, l'avait conduit à Mayence d'abord, puis à Berlin, et enfin à Varsovie ; mais ce qu'il avait eu à supporter jusqu'alors n'était que peu de choses en comparaison des souffrances de toute sorte qui l'attendaient. En 1812, l'hiver fut précoce, et lorsque le régiment quitta Varsovie, le 2 novembre, une neige épaisse couvrait le sol. Dans un pays peu peuplé, au milieu d'une population hostile, le soldat ne devait compter que sur ce qu'il portait ; aussi était-il pesamment chargé, ayant dans sa musette et dans son sac du pain, du biscuit et de la fariné.

Les vêtements usés par les nombreuses étapes que les hommes venaient de faire les protégeaient bien imparfaitement contre le froid. Mais quand on marche à l'ennemi on va quand même, et, tout en faisant le coup de feu contre les Cosaques qui harcelaient la colonne, le régiment vint s'établir au N.-O. de Wol-kowisk, ayant à sa droite le régiment de Walkeren. Il passe ainsi la journée du 14 no-vembre. Le 15, à 3 heures du matin, alerte générale : les Russes se sont emparés par surprise de Wolkowisk, mais au petit jour et baïonnette baissée, le régiment attaque ce village et le reprend. Le combat continue le 16 et se termine à notre avantage.

Dans le rapport adressé à l'Empereur à la suite de cette affaire, le général REYNIER parle avec éloges de la division DURUTTE :

« Les troupes de cette division, y est-il dit,
» toutes composées de jeunes soldats qui
» n'avaient jamais été au feu, ont attaqué
» comme de vieux soldats français le village
» de Wolkowisk. Elles étaient restées pendant
» deux jours et deux nuits presque toujours
» sous les armes ou couchées sur la neige,
» sans bois ni paille ; elles étaient très fati-
» guées ; cependant, des détachements ont
» marché toute la nuit à la suite et sur les
» flancs de l'ennemi et ont fait plusieurs pri-
» sonniers. »

Retour à Varsovie.

Le combat de Wolkowisk est du 15 novembre ; quelques jours après, le 26, la Grande-Armée passait la Bérésina. Le général REYNIER et le prince de SCHWARTZENBERG, laissés sans ordres par NAPOLÉON, se décidèrent à marcher vers le Nord, se rapprochant ainsi de la route qu'allait suivre la Grande-Armée pour gagner Kœnigsberg. Dans cette marche, la division Durutte eut énormément à souffrir; le thermomètre marquait de 20 à 25° au-dessous de zéro; beaucoup de soldats eurent les pieds gelés et l'emplacement de chaque bivouac fut trop souvent marqué par les corps des hommes morts de froid pendant la nuit.

C'est dans ces tristes conditions que se passèrent les derniers jours de novembre. Suivant le mouvement de retraite de la Grande-Armée, le général Reynier, médiocrement secondé par les Autrichiens de Schwartzenberg, se rapprocha de la Vistule. La division Durutte était à l'arrière-garde, et cette lente retraite, exécutée au milieu des plus grandes difficultés, fut pour ces jeunes troupes si vite aguerries un véritable titre de gloire.

A la fin de décembre, les divisions du 7e corps n'étaient plus qu'à quelques marches de Varsovie; les Russes, éprouvés comme nous, par le terrible hiver de 1812, s'avançaient lentement. Une sorte de fièvre contagieuse, suite des fatigues et des misères de toute sorte supportées par les troupes, se déclara, et bientôt les hôpitaux à Varsovie furent encombrés.

Les effectifs fondent ; tous les hommes disponibles du 4ᵉ bataillon sont versés dans les deux autres et le 27 janvier les cadres du 4ᵉ quittent l'armée, se rendant à Mayence pour y chercher des renforts.

Le Régiment prend le nº 132

Le 15 janvier 1813 un décret, daté du 20 septembre 1812, est enfin notifié au corps. Le régiment de l'île de Ré prend le nº 132 dans la série de l'arme.

Combat de Kalish.

Les débris de la Grande-Armée, péniblement parvenus à Kœnigsberg, ne purent s'y maintenir et le général Reynier dut aussi continuer son mouvement de retraite. Varsovie, où le 132ᵉ est rentré le 29 janvier, est évacué quelques jours après, le 7 février. Puis la marche en arrière se poursuit. Toutes les compagnies de voltigeurs de la division Durutte réunies forment l'arrière-garde. Quand l'ennemi est trop pressant, on lui fait tête. Ainsi, à Kalish, le 13 février, le passage de la

Prozna est héroïquement défendu par le 132e, qui y subit des pertes considérables et qui y est séparé de ses compagnies de voltigeurs ; celles-ci, commandées par le major CAILHASSON, se retirent à Cracovie.

Arrivée à Dresde.

Le 18 février, la division DURUTTE entre à Glogau, sur l'Oder ; elle y reçoit l'ordre de gagner Dresde, où elle arrive le 8 mars. Les divisions saxonnes étaient restées à Torgau ; par suite, le 7e corps se trouve dissous et la division DURUTTE passe sous les ordres du maréchal DAVOUST.

Le 132e jouit à Dresde d'un repos relatif et bien mérité ; tout en défendant contre les Russes les faubourgs de la rive droite de l'Elbe, le régiment put se réorganiser. Mais son effectif était bien réduit. Les combats, les marches forcées, les maladies avaient singulièrement éclairci ses rangs (1).

En exécution d'une mesure générale ordonnée par l'Empereur, tout ce qui était encore

(1) La division Durutte, de 15,000 hommes qu'elle comptait au début, était réduite à 4,000 hommes.

valide au régiment fut versé au 2e bataillon et les cadres du 3e bataillon furent, comme avaient été ceux du 4e, dirigés sur Mayence pour y recevoir les jeunes soldats, les conscrits de 1813, appelés à combler les vides produits par la retraite de Russie.

Retraite sur la Saale.

Le maréchal DAVOUST ne put conserver la ligne de l'Elbe. Dans les derniers jours de mars 1813, il dut évacuer Dresde après en avoir fait sauter le pont. L'armée, que commandait maintenant le prince EUGÈNE, se retira derrière la Saale ; le 132e, faisant toujours partie de la division DURUTTE, arriva le 15 avril à Elbengerode, dans le Hartz. La campagne de 1813 allait commencer.

CAMPAGNE DE 1813

Napoléon avait quitté la Grande-Armée le 5 décembre 1812, regagnant Paris en toute hâte. A peine arrivé aux Tuileries et sans perdre un instant, il avait organisé les nouvelles troupes dont il avait besoin pour arrêter la marche des Russes et de leurs nouveaux alliés les Prussiens. Pendant les premiers mois de 1813, de longues colonnes de troupes de toutes armes quittèrent la France et vinrent soit renforcer les troupes du prince Eugène, cantonnées sur la rive gauche de la Saale, soit former au Sud une nouvelle armée dont le maréchal Ney prit provisoirement le commandement.

A la fin d'avril 1813, Napoléon est de nouveau à la tête de ses troupes; il a devant lui les Russes et les Prussiens, ceux-ci ralliés autour de Blücher.

Bataille de Lützen.

Comme toujours, Napoléon prend l'offensive; plein de confiance dans ses jeunes troupes, il passe la Saale, marche sur Leipzig, rencontre l'ennemi et remporte la sanglante victoire de Lützen (2 mai 1813).

La division DURUTTE, placée à la gauche des lignes françaises avec la cavalerie de LATOUR-MAUBOURG et une forte réserve d'artillerie, ne fut pas engagée ce jour-là.

D'ailleurs à Lützen, le 132e n'était représenté que par un bataillon, le 2e; le 4e bataillon, revenant du Rhin où il avait été se recruter, ne rejoignit le régiment que le 2 mai dans la soirée.

Grâce à la victoire de Lützen, l'Empereur put rallier les deux divisions saxonnes qui avaient, pendant la campagne de 1812 et avec la division DURUTTE, formé le 7e corps. Ces deux divisions étaient restées à Torgau; le général REYNIER fut replacé à leur tête et la division DURUTTE, de nouveau réunie aux

Saxons, fut dirigée sur l'Elbe. Le 132e arriva le 11 mai à Torgau ; le même jour, les cadres du 2e bataillon versèrent au 4e leurs hommes disponibles et repartirent dans la direction d'Augsbourg où ils arrivèrent le 30 mai.

Le 7e corps, reconstitué à trois divisions (division Durutte et deux divisions saxonnes), fut donné au maréchal NEY, qui réunit ainsi trois corps d'armée sous son commandement.

NAPOLÉON avait eu un instant la pensée de faire réoccuper Berlin par le maréchal NEY, mais apprenant que les Russes et les Prussiens s'étaient arrêtés à Bautzen sur la rive droite de la Sprée, il résolut de les y attaquer. Il dirigea de ce côté les troupes dont il avait le commandement direct, et donna à Ney l'ordre de le rallier par Hoyerswerda.

Bataille de Bautzen.

La bataille de Bautzen dura deux jours : le 1er jour, 20 mai, NAPOLÉON, par une vigoureuse attaque de front, déloge l'ennemi du plateau de Bautzen et y prend position. Le lendemain, renforcé sur sa gauche par les trois corps d'armée du maréchal NEY, l'Empereur attaque de nouveau l'ennemi de front pendant que Ney franchissant la Sprée à Klix se porte résolument sur l'aile droite de l'ennemi. Le 132° eut dans ce mouvement l'occasion de se signaler. Il prit part à l'attaque du moulin à vent de Golem, entra des premiers dans le village de Preilitz, coopéra ensuite à la prise de Wurschen

et jusqu'à dix heures du soir poursuivit l'ennemi sur la route de Gorlitz.

Napoléon mieux que personne savait profiter de ses victoires; dès le 22 mai à la pointe du jour, la poursuite est reprise. La retraite de Russie avait fait subir à la cavalerie de la Grande-Armée des pertes dont elle n'avait pu se relever ; l'infanterie dut la remplacer et fut lancée sur les traces de l'ennemi. Prussiens et Russes sont successivement délogés de toutes les positions où ils veulent se cramponner. Cette vigoureuse poursuite, dans laquelle se fait remarquer le 132e, dure jusqu'au 5 juin ; elle est arrêtée par l'armistice signé ce jour-là entre les belligérants.

Armistice de Plesswitz.

Aussitôt après, le 132e revenant sur ses pas, va cantonner près de Gorlitz, en Silésie. Grâce à l'armistice, le 132e, épuisé par cette longue série de marches et de combats, put se réorganiser. Le 3e bataillon complété avec de jeunes soldats rallie le 1er juillet le colonel TRIDOULAT qui maintenant a sous ses ordres deux bataillons, les 3e et 4e. Les compagnies de voltigeurs, séparées du régiment depuis le combat de Kalisch, le rejoignent le 16 juillet après avoir traversé l'Autriche. Mais les cadres du 2e bataillon envoyés à Augsbourg pour se compléter ne reparurent plus. L'Empereur, désireux de réorganiser au plus vite l'armée d'Italie, les dirigea sur Vérone où ils arrivèrent le 29 juin.

Quant au 1er bataillon, laissé à La Rochelle, il fut envoyé à l'armée et nous le retrouverons à Leipzig.

Dans les derniers jours de l'armistice, l'Empereur donne au maréchal OUDINOT les 2e, 4e et 7e corps; le 132e qui fait toujours partie de la division Durutte (7e corps), quitte Gorlitz le 15 août, se dirigeant vers le Nord.

Combat de Grossbeeren.

L'opération confiée au maréchal OUDINOT avait Berlin pour objectif; elle ne fut pas heureuse. Les Prussiens tenaient à honneur de ne pas laisser les Français occuper de nouveau leur capitale. Favorisés par le terrain et beaucoup plus nombreux que les troupes que commandait OUDINOT, les Prussiens durent néanmoins lui laisser franchir le ruisseau de Trebbin (22 août). Mais le lendemain à Grossbeeren, OUDINOT trouva devant lui des forces très supérieures; il ne put les entamer et après avoir combattu jusqu'à la nuit, battit en retraite. Le 7e corps fut très engagé ce jour-là. Les divisions saxonnes laissèrent sans appui la division Durutte qui résista héroïquement. L'aigle du 132e fut un instant compromise; le colonel TRIDOULAT se jeta au plus fort de la mêlée pour la reprendre; son cheval y fut tué, et lui-même, grièvement blessé, allait y périr glorieusement, lorsqu'il apprit que l'aigle du régiment avait été sauvée par le commandant Rauchon du 3e bataillon.

Après la journée de Grossbeeren, il fallut renoncer à marcher sur Berlin; OUDINOT ramena ses troupes sur l'Elbe, à Wittemberg; elles y arrivèrent les 29 et 30 août, suivies de près par la cavalerie prussienne.

Combat de Dennevitz.

Le 132e eut à Wittemberg quelques jours de repos; il en avait besoin, mais l'arrivée du maréchal NEY, envoyé par l'Empereur pour remplacer OUDINOT, rendit confiance à tout le monde; dès le 6 septembre, NEY reprend l'offensive. Exécutant les ordres de NAPOLÉON, il marche dans la direction de Berlin; mais comme OUDINOT, il se heurte à des forces très supérieures aux siennes, il parvient néanmoins à Dennevitz; là, il a devant lui des Prussiens, des Russes et des Suédois commandés par BERNADOTTE. La journée fut sanglante; la division DURUTTE, mal secondée encore par les divisions saxonnes, s'y signala, et grâce au dévouement dont elle fit preuve, les troupes du maréchal NEY purent quitter lentement le champ de bataille. Toute la journée et toute la nuit qui suivit, le 132ᵉ fut aux prises avec l'ennemi; il suivit le mouvement de retraite de l'armée et arriva avec elle le 8 septembre à Torgau, sur l'Elbe, réduit au tiers de son effectif. C'est pendant le séjour du 132ᵉ à Torgau que le colonel Tridoulat dut quitter le commandement du régiment. Les blessures qu'il avait reçues à Grossbeeren le forcèrent à demander sa retraite. Il fut remplacé le 19 septembre par le major Cailhasson; cet officier supérieur appartenait au 132ᵉ depuis sa formation et avait constamment fait campagne avec lui. A cette époque, le grade de lieutenant-colonel n'existait pas.

Le 132ᵉ reste à Torgau jusqu'au 27 septembre; après quelques mouvements le long de l'Elbe, il est dirigé sur Leipzig où NAPOLÉON concentre toute son armée.

Bataille de Leipzig.

La campagne de 1813, si brillante à ses débuts, tirait à sa fin. L'Autriche s'était jointe à nos ennemis et la nombreuse armée qu'elle avait réunie en Bohême menaçait la ligne de retraite de la Grande-Armée. Napoléon dut abandonner la ligne de l'Elbe et se replier sur Leipzig. Là, fut livrée la plus grande bataille de ce siècle; elle dura trois jours, les 16, 17 et 18 octobre. Le 132ᵉ y prit doublement part; le 1ᵉʳ bataillon récemment arrivé de France et rattaché à la division Margaron combattit dans Leipzig même, pendant qu'en dehors de cette ville les 3ᵉ et 4ᵉ bataillons faisant toujours partie de la division Durutte se comportèrent héroïquement. Le 1ᵉʳ bataillon engagé pour la première fois s'y fit remarquer. « Je ne puis, » écrit le général Margaron, assez faire l'éloge » des troupes et des officiers; le bataillon du 132ᵉ » s'est particulièrement distingué et j'en loue » spécialement le commandant Payenneville; » le bataillon a exécuté plusieurs charges » très brillantes. »

A Grossbeeren comme à Dennevitz, la

division DURUTTE avait déjà eu lieu de se plaindre du défaut de concours des divisions saxonnes; à Leipzig, ce fut bien autre chose. Dans la journée du 18 octobre, donnant sur le champ de bataille un exemple unique de trahison, les divisions saxonnes abandonnèrent les lignes françaises, rejoignirent les troupes de BERNADOTTE et faisant aussitôt face en arrière, tirèrent sur la division DURUTTE avec laquelle elles servaient depuis deux ans. Cette division fit quand même face à l'orage; réduite à 5,000 hommes, elle lutta pendant plus d'une heure contre 20,000 et lutta héroïquement. Dans cette situation désespérée, le 132e, toujours à hauteur de sa réputation, rétrograda lentement sur les faubourgs de Leipzig dont il organisa la défense.

Un nouveau désastre l'y attendait. Le 19, à la pointe du jour, les deux tiers de l'armée avaient franchi la série de ponts et de chaussées qui de Leipzig conduisait à Lindenau, sur la rive gauche de l'Elster. L'autre tiers de l'armée dont faisait partie ce qui restait de la division DURUTTE luttait encore dans les rues de Leipzig, quand, par une sorte de fatalité, les sapeurs du génie chargés de mettre le feu aux mines pratiquées dans la première arche du pont les allumèrent beaucoup trop tôt et firent ainsi sauter le pont.

Cette déplorable erreur eut de terribles conséquences; pressés entre l'armée ennemie victorieuse et plusieurs bras de rivière dont les moyens de passage étaient détruits, officiers et soldats se crurent trahis; comme des désespérés, ils se précipitèrent baïonnette baissée sur l'ennemi, puis se rapprochèrent de l'Elster que quelques-uns purent franchir à la nage; d'autres eurent le sort du maréchal PONIATOWSKI et s'y noyèrent, d'autres enfin blessés, hors d'état de combattre, furent faits prisonniers; de ce nombre, fut le commandant du 7e corps, le général REYNIER. Après cette épouvantable catastrophe, des 3e et 4e bataillons du 132e il ne resta que des débris.

Arrivée à Mayence.

Le 1er bataillon fut plus heureux, il passa les ponts dans la nuit du 18 et 19 et suivit la Grande-Armée dans sa retraite. Epuisée par ces trois jours de lutte, elle regagnait le Rhin. A Hanau, les Bavarois voulurent lui barrer la route, elle leur passa sur le corps et continua son chemin sur Mayence où elle entra le 2 novembre.

CAMPAGNE DE 1814

Un intervalle de trois ou quatre mois sépare la campagne de 1812 de celle de 1813 ; il permit à Napoléon d'organiser l'armée avec laquelle il remporta les victoires de Lützen et de Bautzen. Instruits par l'expérience, les Alliés victorieux à Leipzig ne donnèrent aucun répit à leur terrible adversaire ; ils suivirent pas à pas l'armée française jusqu'au Rhin et le franchirent derrière elle sans lui laisser le temps de se reconstituer. Des conscrits, les *Marie-Louise,* comme on les appelait du nom de l'Impératrice régente qui avait signé le décret les convoquant sous les drapeaux, de vieux soldats revenant d'Espagne, enfin des gardes nationaux, mus par un vif sentiment de patriotisme, vinrent seuls grossir les rangs si

éclaircis de l'armée qui avait supporté les bons
et les mauvais jours de la campagne de 1813.

Telles furent les conditions dans lesquelles commença et se poursuivit la campagne de 1814.

Départ de Coblentz.

Le 132ᵉ, arrivé à Mayence le 2 novembre, n'y fit pas un long séjour; il y rallia scn 1ᵉʳ bataillon, puis, toujours sous les ordres du général DURUTTE, fut versé au 4ᵉ corps (général BERTRAND) et dirigé sur Coblentz. Il y séjourna jusqu'à la fin de décembre, époque à laquelle il passa au 6ᵉ corps (maréchal MARMONT, duc de Raguse). Les Alliés se présentèrent devant Coblentz le 31 décembre; très supérieurs en nombre, ils enveloppèrent le 132ᵉ qui se fit jour les armes à la main, les malades fort nombreux (le typhus s'était déclaré dans toutes les places du Rhin) et les blessés furent laissés à Coblentz, de sorte que le 1ᵉʳ janvier 1814, le 132ᵉ ne comptait plus à l'effectif que 380 combattants.

Le 12 janvier, le régiment est à Metz, la division DURUTTE, à laquelle il appartenait depuis deux ans, est dissoute; le 132ᵉ fait maintenant partie de la division DE LA GRANGE et reste sous les ordres de MARMONT.

Batailles de Brienne et de la Rothière.

Les Alliés continuent leur marche en avant; le territoire français est envahi; les faibles corps d'armée organisés à la hâte par Napoléon se replient, et le 27 janvier 1814, au moment où l'Empereur, arrivant de Paris, vient se mettre à la tête de ses troupes, le 132e est à Saint-Dizier. Le 30, le lendemain de la bataille de Brienne, il se porte sur Vassy où il arrive après avoir livré un combat d'arrière-garde. Le 1er février, il prend part au combat de la Rothière, terrible journée où la résistance de 32,000 hommes contre 170,000, dont 100,000 engagés, fut, dit M. Thiers, un vrai phéno-mène de guerre.

Combat de Rosnay.

Le 2 février de grand matin, l'armée quittant le champ de bataille de la Rothière se replie sur Troyes ; il lui faut passer l'Aube au pont de Lesmont. La division DE LA GRANG est chargée de couvrir le mouvement; elle occupe d'abord la rive droite de la Voire, petit affluent de l'Aube, à hauteur de Rosnay. L'ennemi déploie contre elle des forces considérables et entame une vigoureuse canonnade. MARMONT fait repasser la Voire à la division DE LA GRANGE, le 132ᵉ qui marche à la queue de la division passe le pont en bon ordre, comme à la manœuvre.

Il faut ensuite détruire le pont, pour empêcher l'ennemi de l'utiliser à son tour ; mais les outils font défaut. La gelée avait donné la dureté de la pierre à la terre qui recouvrait le pont et ce ne fut qu'avec beaucoup de peine qu'on parvint à y faire une coupure, les longerons restèrent intacts.

Ceci fait, le régiment est placé en réserve à 500 mètres environ en arrière du pont ; mais sur sa droite se trouvait un autre passage qu'on n'avait pas eu le temps de détruire ; l'ennemi en profite, et bientôt une masse de 3 ou 4,000 hommes a franchi la Voire soit sur ce pont, soit sur l'autre qu'on n'avait détruit qu'incomplètement. La première ligne de la division va être tournée et se retire en désordre. C'est en ce moment qu'eut lieu le plus haut fait d'armes de l'histoire du régiment, fait d'armes glorieux et rare entre tous, qui lui vaut cette inscription sur son drapeau : Un contre Huit.

Laissons le maréchal MARMONT raconter lui-même ce combat.

« Je courus aux fuyards, écrit-il dans ses
» mémoires, et cherchai à les rallier, mais
» inutilement. Alors je pris le parti de me
» rendre avec rapidité au 132ᵉ, fort de 300
» hommes environ, en réserve et formé en
» colonnes ; quelques paroles suffirent pour
» l'exalter. Immédiatement après, il fut mis
» en mouvement en battant la charge. Je me
» plaçai à dix pas en avant avec quelques
» officiers. J'envoyai l'ordre à ma cavalerie
» de faire simultanément une marche sur le
» flanc de la montagne. Ceux qui auparavant
» fuyaient et avaient été sourds à ma voix
» revinrent sur leurs pas à la vue de ce mou-
» vement offensif. Nous arrivâmes ainsi avec
» impétuosité à l'extrémité du plateau au
» moment même où la tête de la masse enne-
» mie l'attaquait du côté de la rivière. La
» culbuter fut l'affaire d'un moment. Abîmé
» par notre feu, assailli par la cavalerie, ce
» qui ne fut pas tué fut pris ou noyé. L'en-
» nemi y perdait environ 3,000 hommes. »

Parmi les officiers qui entraînèrent le régiment à la suite du maréchal, le commandant Ranchon se distingua particulièrement. Ancien tambour-major, cet officier supérieur avait par on courage mérité l'épaulette de sous-lieutenant et rarement promotion fut mieux justifiée.

La division DE LA GRANGE et particulièrement le 132e s'étaient glorieusement acquittés de la mission confiée à leur dévouement. L'Empereur et l'armée avaient franchi l'Aube et pris la route de Troyes. Longeant l'Aube, le 6e corps gagne Arcis et de là Nogent-sur-Seine où il arriva le 6 février.

Le 132e allait bientôt se retrouver en face de l'ennemi ; le 9 février il occupe Sézanne ; le 10, après une marche pénible, le régiment rejoint l'armée à Champaubert ; il enlève brillamment aux Russes le village de Baunay. Le général DE LA GRANGE y est blessé à la tête du 132e.

Combat d'Etoges.

Le soir de Champaubert, le 6e corps bivouaque à Etoges, barrant la route aux troupes de Blücher. Les 11 et 12 février, Napoléon remporte la victoire de Montmirail et refoule les Alliés au delà de Château-Thierry. Laissé seul, le 6ᵉ corps se replie le 13 sur Montmirail. Le 14, l'Empereur, revenu sur ses pas, lance de nouveau MARMONT sur l'ennemi ; Vauchamps, Fromentières sont repris successivement. Cette journée se termine glorieusement pour le 132ᵉ qui, opérant avec les autres corps de la division DE LA GRANGE, surprend à dix heures du soir l'ennemi au village d'Etoges. Le général russe OROSOFF, son état-major, son artillerie et une bonne partie de ses troupes y sont pris.

Le 6ᵉ corps est de nouveau laissé seul en face de Blücher, NAPOLÉON se porte contre SCHWARTZENBERG et le rejette sur Montereau. MARMONT se maintient les 18, 19 et 20 février à Montmirail, y fait reposer ses troupes, puis contraint à se replier, il rétrograde lentement jusqu'à Meaux ; il y est rejoint par le maréchal MORTIER.

Défense de Meaux.

Le 27 février, le 132ᵉ défend Meaux contre les Prussiens ; puis nouveau mouvement en avant. L'Empereur donne au 6ᵉ corps l'ordre de le rallier. MARMONT prend ainsi part à la poursuite dirigée contre Blücher, poursuite qui eût été bien funeste à ce dernier sans la capitulation de Soissons (3 mars).

Bataille de Craonne.

L'armée passe l'Aisne, puis les événements se précipitent; le 7 mars, c'est la bataille de Craonne à laquelle prend part le 132e, puis on poursuit l'ennemi jusque sous les murs de Laon et on s'y bat deux jours de suite, les 9 et 10. C'est dans la nuit du 9 au 10 qu'eut lieu la surprise d'Athies. Les troupes qui avaient combattu toute la journée du 9 sous les ordres de MARMONT bivouaquaient aux abords de ce village. Au milieu de la nuit, les Prussiens vinrent les attaquer; pris d'une panique soudaine, les troupes lâchèrent pied. MARMONT les rallia à grand'peine sur les hauteurs de Fétieux.

Le 10, le 132e est à Berry-au-Bac, son effectif est descendu à 31 officiers et 134 hommes.

Entrée à Reims.

On marche quand même; le 13 mars, l'Empereur livre bataille sous les murs de Reims et s'empare de cette ville. Le 132e y entre des premiers ; remarquons en passant cette coïncidence singulière, le régiment pénétrant de vive force dans Reims, là où soixante ans plus tard il devait être créé de nouveau.

Fin de la Campagne de 1814.

Mais le génie de NAPOLÉON Ier, si bien secondé qu'il fût par le courage des troupes qui lui restaient, ne pouvait indéfiniment suppléer au nombre. L'on avait déjà le droit de dire des Alliés ce que devaient en dire les grognards de la vieille Garde, le soir de Waterloo : ils sont trop ! Nous retrouvons encore le 132e dans les plaines de Fère-Champenoise, luttant contre la cavalerie des Alliés, puis sous Paris, le 30 mars, prenant part à la dernière bataille de la campagne.

Le 31 mars, le régiment traverse Paris et se rend à Essonne où par une dernière disgrâce de la fortune, il est compris dans la capitulation qui met fin aux hostilités.

LE 2ᵉ BATAILLON DU 132ᵉ

à l'Armée d'Italie

Comme nous l'avons vu plus haut, les cadres du 2ᵉ bataillon furent, en 1813, en exécution d'une mesure générale prise par l'Empereur, dirigés d'Augsbourg sur Vérone ; ils arrivèrent le 29 juin dans cette dernière ville. Le prince EUGÈNE, qui commandait l'armée d'Italie, fit verser dans ces cadres des conscrits de Piémont, de la Provence et du Dauphiné. Ainsi reconstitué, le 2ᵉ bataillon fut envoyé à Bassano où, le 15 juillet, il forma avec les 2ᵉˢ bataillons des 131ᵉ et 133ᵉ de ligne la 31ᵉ demi-brigade provisoire ; peu de temps après, cette demi-brigade fut dirigée sur la Carinthie.

Combat de Villach.

L'armée d'Italie allait avoir aussi sa part de fatigues et de combat ; les Autrichiens s'étant prononcés contre nous, à la rupture de l'armistice, marchèrent contre le prince Eugène qui gardait les lignes de la Drave et de la Save ; le 132e, qui occupait Villach sur la Drave, prit part au combat dont cette ville fut le théâtre le 28 août.

Les mouvements du prince Eugène furent forcément subordonnés à ceux de Napoléon. La retraite de la Grande-Armée, en deçà de l'Elbe, amena l'armée d'Italie à se replier sur le Tagliamento. Après Leipzig, il fallut encore battre en retraite, et le 12 novembre le 2e bataillon du 132e est de retour à Vérone.

Combat de Caldiéro.

Mais le prince Eugène n'était pas homme à reculer sans combattre. De Vérone, il reprend l'offensive et remporte sur les Autrichiens la victoire de Caldiéro (15 novembre 1813) ; le 132e s'y fait remarquer par sa vigueur dans l'attaque. Malgré ce succès, l'armée d'Italie est contrainte d'abandonner la ligne de l'Adige ; au Nord, la défection de la Bavière ; au Sud, la trahison de MURAT et surtout la retraite de la Grande-Armée sur le Rhin, obligent le prince EUGÈNE à rentrer en Lombardie après avoir défendu quelques jours la ligne du Mincio (février 1814).

Armistice.

C'est en Lombardie que l'armée d'Italie reçoit l'ordre de se replier sur la France, puis l'armistice qui met fin aux hostilités est signé le 17 avril. Pendant les négociations qui suivirent, le 2ᵉ bataillon du 132ᵉ repasse les Alpes et arrive à Digne le 14 mai 1814.

Le rôle de l'armée d'Italie en 1813 et 1814 est un peu effacé. Les victoires de Lützen et de Bautzen, les glorieuses alternatives de la campagne de France absorbent tout. L'histoire a de ces injustices. Loin de nous la pensée de diminuer le mérite de ceux qui luttèrent contre les alliés en Saxe et en Champagne ; mais NAPOLÉON les menait lui-même au combat et tout leur paraissait facile. N'oublions donc pas les braves gens abandonnés sans espoir d'être jamais secourus à Dantzig, à Glogau, à Hambourg et dans bien d'autres villes, et conservant à la France jusqu'à la dernière limite les places fortes confiées à leur patriotisme, — n'oublions pas non plus les soldats de l'armée d'Espagne défendant héroïquement Burgos, Saint-Sébastien, et barrant aux Anglais le chemin de la France, — n'oublions ni les troupes luttant en Hollande contre l'insurrection, ni l'armée d'Italie maintenant haut et ferme le drapeau de la France au milieu d'un pays soulevé. Disons enfin qu'en 1814, l'armée française combattant un ennemi dix fois supérieur en nombre fit partout et toujours son devoir et tout son devoir.

LICENCIEMENT DU CORPS

L'ancien régiment de l'île de Ré, le 132e de 1813 et de 1814, fut licencié le 21 août 1814.

Les 1er, 3e et 4e bataillons traversèrent Versailles après la capitulation de Paris et se retirèrent en Normandie. Les 5e et 6e bataillons, formés à La Rochelle, prirent part à la répression des troubles insurrectionnels qui se produisirent, en Vendée, en janvier 1814.

Ces cinq bataillons (1, 3, 4, 5 et 6) fusionnèrent avec le 26e de ligne.

Quant au 2e bataillon, laissé à Digne, il fut versé au 48e.

Le registre matricule des hommes de troupe, ouvert le 24 janvier 1811, fut clos le 21 août 1814 et arrêté au chiffre de 17,139. Plus de 17,000 hommes avaient passé dans les rangs du 132e.

TROISIÈME PARTIE

—

LE 152ᵉ RÉGIMENT D'INFANTERIE

La loi du 24 juillet 1873 avait créé 18 corps d'armée, comprenant chacun 8 régiments d'infanterie ; l'infanterie ne comptant alors que 126 régiments, soit 7 par corps d'armée, un décret du 29 septembre 1873 prescrivit la formation de 18 nouveaux régiments, qui furent numérotés de 127 à 144.

Ce décret est en quelque sorte l'acte de naissance du 132ᵉ actuel, à la formation duquel concoururent les sept autres régiments du 6ᵉ corps, chacun d'eux envoyant à Reims trois compagnies.

Le 132e a donc été créé avec les sept régiments suivants :

3 compagnies du 26e de ligne.
3 — 37e —
3 — 69e —
3 — 79e —
3 — 91e —
3 — 94e —
3 — 106e —

Ensemble 21 compagnies qui, le tiercement effectué, formèrent 3 bataillons de 6 compagnies et 3 compagnies de dépôt.

Cette organisation fut modifiée par la loi du 13 mars 1875. Le régiment comprit alors 4 bataillons de 4 compagnies et un dépôt de deux compagnies.

Puis vint la loi du 25 juillet 1887, qui réduisit à trois le nombre des bataillons, supprima le dépôt et créa dans chaque régiment un cadre dit complémentaire. Comme conséquence, le 4e bataillon en entier, officiers et troupe, alors détaché à Verdun, fut versé au 147e, pour concourir à la formation de ce régiment.

Les colonels qui se sont succédé à la tête du régiment depuis sa création, sont :

MM.

1873 CHAUCHART, mis en non-activité pour infirmités temporaires, le 26 décembre 1877.

1877 COTTIN, passé le 30 décembre 1884 au commandement du 118e et nommé général de brigade le 20 mars 1886.

1884 RÉGNIER, nommé général de brigade le 15 avril 1890.

1890 HARTSCHMIDT.

Le 14 juillet 1880, sur le terrain de Longchamps, M. Jules GRÉVY, alors président de la République, entouré de tous les généraux commandants de corps, et en présence des troupes du gouvernement de Paris, remit solennellement à chaque chef de corps le drapeau autour duquel tous, soldats de l'armée active et réservistes, devront se réunir le jour de la mobilisation générale. C'est au colonel COTTIN qu'échut l'honneur de recevoir le drapeau du

132e, sur lequel figurent les inscriptions sui-
vantes :

D'un côté

RÉPUBLIQUE FRANÇAISE

—

HONNEUR ET PATRIE

de l'autre

MANNHEIM

LUTZEN

BAUTZEN

ROSNAY (1 contre 8).

Depuis 1873, le 132e n'a quitté Reims que
pour se rendre annuellement aux manœuvres
ou pour aller au camp de Châlons exécuter
des tirs de guerre ; de 1876 à 1884, il a détaché
constamment un de ses quatre bataillons à
Verdun et de temps à autre un autre bataillon
au camp de Châlons. Faisant partie du 6e corps
et destiné en conséquence à se porter des premiers à la frontière, le 132e devait renoncer à
l'espoir de faire revivre, en Afrique ou au
Tonkin, les traditions léguées par ses glorieux
ancêtres, la 132e demi-brigade et le régiment
de l'île de Ré.